WEF

GW01465641

Breve storia del V

Schwab, l'Agenda

...troversie

Dichiarazione di non responsabilità

1

Introduzione

Il World Economic Forum (WEF) è un'organizzazione internazionale non governativa e di lobbying per le imprese multinazionali con sede a Cologny, nel Cantone di Ginevra, in Svizzera. È stata fondata il 24 gennaio 1971 dall'ingegnere tedesco Klaus Schwab. La fondazione, finanziata in gran parte dalle 1.000 aziende che ne fanno parte - in genere imprese globali con un fatturato superiore ai 5 miliardi di dollari - e da sovvenzioni pubbliche, considera la propria missione come quella di "migliorare lo stato del mondo coinvolgendo i leader del mondo economico, politico, accademico e di altri settori della società per definire le agende globali, regionali e industriali".

Il WEF è noto soprattutto per l'incontro annuale che si tiene alla fine di gennaio a Davos, una località montana nella regione delle Alpi orientali della Svizzera. L'incontro riunisce circa 3.000 membri paganti e partecipanti selezionati - tra cui investitori, dirigenti d'azienda, leader politici, economisti, celebrità e giornalisti - per un massimo di cinque giorni per discutere di questioni globali attraverso 500 sessioni.

Oltre a Davos, l'organizzazione convoca conferenze regionali in Africa, Asia orientale, America Latina e India e organizza altri due incontri annuali in Cina e negli Emirati Arabi Uniti. Inoltre, produce una serie di rapporti, coinvolge i suoi membri in iniziative specifiche del settore e fornisce una piattaforma per i leader di gruppi selezionati di stakeholder per collaborare a progetti e iniziative.

Il Forum suggerisce che il mondo globalizzato è gestito al meglio da una coalizione auto-selezionata di multinazionali, governi e organizzazioni della società civile (OSC), che si esprime attraverso iniziative come il "Grande reset" e la "Riprogettazione globale".

Il World Economic Forum e il suo incontro annuale a Davos sono stati oggetto di critiche nel corso degli anni, tra cui l'acquisizione da parte delle aziende delle istituzioni globali e democratiche, le iniziative di whitewashing istituzionale, il costo pubblico della sicurezza, lo status di esenzione fiscale dell'organizzazione, i processi decisionali e i criteri di adesione poco chiari, la mancanza di trasparenza finanziaria e l'impronta ambientale dei suoi incontri annuali. In risposta alle critiche della società svizzera, nel febbraio 2021 il governo federale ha deciso di ridurre i contributi annuali al WEF. Inoltre, il WEF è stato criticato come "ipocrita" nei confronti dei diritti umani dei palestinesi quando ha respinto una petizione dei suoi stessi elettori per condannare l'aggressione di Israele contro i palestinesi, sostenendo di essere un'organizzazione "imparziale", per poi condannare volontariamente, pochi mesi dopo, l'aggressione della Russia contro l'Ucraina. Il WEF è stato anche oggetto di teorie cospirative.

Il costo che le aziende devono pagare per un delegato al WEF era di 70.000 dollari nei primi anni 2000, e nel 2022 di 120.000 dollari.

WØRLD ECONOMIC FORUM

COMMITTED TO
IMPROVING THE STATE
OF THE WORLD

Indice dei contenuti

Storia del WEF

Il WEF è stato fondato nel 1971 da Klaus Schwab, professore di economia all'Università di Ginevra. Dapprima chiamato European Management Forum, ha cambiato nome in World Economic Forum nel 1987 e ha cercato di ampliare la sua visione per fornire una piattaforma per la risoluzione dei conflitti internazionali.

Nel febbraio 1971, Schwab invitò 450 dirigenti di aziende dell'Europa occidentale al primo Simposio di Management Europeo tenutosi al Centro Congressi di Davos con il patrocinio della Commissione Europea e delle associazioni industriali europee, dove Schwab cercò di introdurre le aziende europee alle pratiche di management americane. In seguito ha fondato il WEF, un'organizzazione senza scopo di lucro con sede a Ginevra, e ha richiamato i leader aziendali europei a Davos per gli incontri annuali di gennaio.

Il secondo European Management Forum, nel 1972, è stato il primo incontro in cui uno dei relatori del forum è stato un capo di governo, il presidente lussemburghese Pierre Werner.

Gli eventi del 1973, tra cui il crollo del meccanismo dei tassi di cambio fissi di Bretton Woods e la guerra dello Yom Kippur, hanno visto l'incontro annuale estendere l'attenzione dalla gestione alle questioni economiche e sociali e, per la prima volta, i leader politici sono stati invitati all'incontro annuale nel gennaio 1974.

Durante il primo decennio, il forum ha mantenuto un'atmosfera giocosa, con molti membri che sciavano e partecipavano agli eventi serali. Valutando l'evento del 1981, un partecipante ha osservato che "il forum offre una deliziosa vacanza con il conto spese".

I leader politici iniziarono presto a utilizzare l'incontro annuale come sede per promuovere i propri interessi. Nel 1988 la Grecia e la Turchia firmarono la *Dichiarazione di Davos*, aiutandole a tornare indietro dall'orlo della guerra. Nel 1992, il presidente sudafricano F. W. de Klerk ha incontrato Nelson Mandela e il capo Mangosuthu Buthelezi all'incontro annuale, la loro prima apparizione congiunta al di fuori del Sudafrica. All'incontro annuale del 1994, il ministro degli Esteri israeliano Shimon Peres e il presidente dell'OLP Yasser Arafat raggiunsero una bozza di accordo su Gaza e Gerico.

Nell'ottobre 2004, il World Economic Forum ha attirato l'attenzione sulle dimissioni del suo amministratore delegato e direttore esecutivo José María Figueres per aver ricevuto più di 900.000 dollari di onorari di consulenza non dichiarati dall'azienda francese di telecomunicazioni Alcatel. Transparency International ha evidenziato questo incidente nel suo Rapporto sulla corruzione globale due anni dopo, nel 2006.

Nel gennaio 2006, il WEF ha pubblicato un articolo nella sua rivista *Global Agenda* intitolato "Boycott Israel", distribuito a tutti i 2.340 partecipanti all'incontro annuale. In seguito alla pubblicazione, Klaus Schwab ha definito la pubblicazione "un inaccettabile fallimento del processo editoriale".

Alla fine del 2015, l'invito è stato esteso per includere una delegazione nordcoreana per il WEF 2016, "in considerazione dei segnali positivi provenienti dal Paese", hanno osservato gli organizzatori del WEF. La Corea del Nord non partecipa al WEF dal 1998. L'invito è stato accettato. Tuttavia, il WEF ha revocato l'invito il 13 gennaio 2016, dopo il test nucleare nordcoreano del 6 gennaio 2016, e la partecipazione del Paese è stata subordinata a "sanzioni esistenti e possibili future". Nonostante le proteste della Corea del Nord, che ha definito la decisione del consiglio direttivo del WEF una mossa "improvvisa e irresponsabile", il comitato del WEF ha mantenuto l'esclusione perché "in queste circostanze non ci sarebbe stata alcuna opportunità di dialogo internazionale".

Nel 2017, il WEF di Davos ha attirato una notevole attenzione quando, per la prima volta, un capo di Stato della Repubblica Popolare Cinese è stato presente nella località alpina. Con lo sfondo della Brexit, di un'amministrazione statunitense protezionista in arrivo e di pressioni significative sulle zone di libero scambio e sugli accordi commerciali, il leader del Paramount Xi Jinping ha difeso lo schema economico globale e ha dipinto la Cina come una nazione responsabile e leader per le cause ambientali. Ha rimproverato aspramente gli attuali movimenti populisti che vorrebbero introdurre tariffe e ostacolare il commercio globale, avvertendo che tale protezionismo potrebbe favorire l'isolamento e ridurre le opportunità economiche.

Nel 2018, il Primo Ministro indiano Narendra Modi ha tenuto il discorso di apertura, diventando il primo capo di governo indiano a tenere il discorso inaugurale della plenaria annuale di Davos. Modi ha sottolineato che il riscaldamento globale (cambiamento climatico), il terrorismo e il protezionismo sono le tre principali sfide globali e ha espresso la fiducia che possano essere affrontate con uno sforzo collettivo.

Nel 2019, il presidente brasiliano Jair Bolsonaro ha tenuto il discorso di apertura della sessione plenaria della conferenza. Nel suo primo viaggio internazionale a Davos, ha enfatizzato le politiche economiche liberali nonostante il suo programma populista e ha cercato di rassicurare il mondo sul fatto che il Brasile è un protettore della foresta pluviale, pur utilizzando le sue risorse per la produzione e l'esportazione di cibo. Ha dichiarato che "il suo governo cercherà di integrare meglio il Brasile nel mondo integrando le migliori pratiche internazionali, come quelle adottate e promosse dall'OCSE". Le preoccupazioni ambientali, come gli eventi meteorologici estremi e il fallimento della mitigazione e dell'adattamento ai cambiamenti climatici, sono stati tra i rischi globali più importanti espressi dai partecipanti al WEF. Il 13 giugno 2019, il WEF e le Nazioni Unite hanno firmato un "Quadro di partenariato strategico" per "accelerare congiuntamente l'attuazione dell'Agenda 2030 per lo sviluppo sostenibile".

Il Forum economico mondiale del 2021 si sarebbe dovuto tenere dal 17 al 20 agosto a Singapore. Tuttavia, il 17 maggio il Forum è stato cancellato; un nuovo incontro si terrà invece nella prima metà del 2022, con una sede e una data definitive da stabilire più avanti nel 2021.

Alla fine di dicembre 2021, il World Economic Forum ha dichiarato in un comunicato che le condizioni della pandemia avevano reso estremamente difficile organizzare un incontro globale di persona il mese successivo; la trasmissibilità della variante SARS-CoV-2 Omicron e il suo impatto sui viaggi e sulla mobilità avevano reso necessario un rinvio. All'inizio del 2022, l'incontro annuale di Davos è stato riprogrammato dal 22 al 26 maggio 2022. Tra i temi trattati figurano la guerra russo-ucraina, il cambiamento climatico, l'insicurezza energetica e l'inflazione. Il presidente ucraino Volodymyr Zelenskyy ha tenuto un discorso speciale all'incontro, ringraziando la comunità globale per gli sforzi compiuti ma chiedendo anche un maggiore sostegno. Il Forum 2022 è stato caratterizzato dall'assenza di una delegazione russa per la prima volta dal 1991, che *il Wall Street Journal* ha descritto come un segnale di "disfacimento della globalizzazione". L'ex Casa Russia è stata utilizzata per presentare i crimini di guerra della Russia.

L'incontro annuale 2023 del World Economic Forum si è svolto a Davos, in Svizzera, dal 16 al 20 gennaio, con il motto "Cooperation in a fragmented world".

Organizzazione del WEF

Con sede a Cologny, il WEF ha uffici anche a New York, Pechino e Tokyo. Nel gennaio 2015 è stato designato dal Governo federale svizzero come ONG con lo status di "altro organismo internazionale" ai sensi della Legge sullo Stato ospite.

Il 10 ottobre 2016 il WEF ha annunciato l'apertura del suo nuovo Centro per la quarta rivoluzione industriale a San Francisco. Secondo il WEF, il centro "servirà da piattaforma per l'interazione, l'approfondimento e l'impatto sui cambiamenti scientifici e tecnologici che stanno modificando il nostro modo di vivere, lavorare e relazionarci".

Il World Economic Forum sostiene di essere imparziale e di non essere legato ad alcun interesse politico, partitico o nazionale. Fino al 2012 aveva lo status di osservatore presso il Consiglio economico e sociale delle Nazioni Unite, poi revocato; è sotto la supervisione del Consiglio federale svizzero. Il massimo organo di governo della fondazione è il Consiglio di fondazione.

Il consiglio direttivo è presieduto dal presidente del WEF, Børge Brende, e agisce come organo esecutivo del Forum economico mondiale. I membri del consiglio direttivo sono Børge Brende, Julien Gattoni, Jeremy Jurgens, Adrian Monck, Sarita Nayyar, Olivier M. Schwab, Saadia Zahidi e Alois Zwinggi.

Consiglio di amministrazione

Il WEF è presieduto dal fondatore e presidente esecutivo Professor Klaus Schwab ed è guidato da un consiglio di amministrazione composto da leader del mondo economico, politico, accademico e della società civile. Nel 2010 il consiglio era composto da: Josef Ackermann, Peter Brabeck-Letmathe, Kofi Annan, Victor L.L. Chu, Tony Blair, Michael S. Dell, Niall FitzGerald, Susan Hockfield, Orit Gadiesh, Christine Lagarde, Carlos Ghosn, Maurice Lévy, Rajat Gupta, Indra Nooyi, Peter D. Sutherland, Ivan Pictet, Heizo Takenaka, Ernesto Zedillo Ponce de Leon, Joseph P. Schoendorf, S.M. la Regina Rania Al Abdullah. Tra i membri del Consiglio di amministrazione (passati o presenti) figurano: Mukesh Ambani, Marc Benioff, Peter Brabeck-Letmathe, Mark Carney, Laurence D. Fink, Chrystia Freeland, Orit Gadiesh, Fabiola Gianotti, Al Gore,

Herman Gref, José Ángel Gurría, André Hoffmann, Ursula von der Leyen, Jack Ma, Yo-Yo Ma, Peter Maurer, Luis Alberto Moreno, Muriel Pénicaud, H. M. Regina Rania Al Abdullah.M. la Regina Rania Al Abdullah del Regno Hashemita di Giordania, L. Rafael Reif, David M. Rubenstein, Mark Schneider, Klaus Schwab, Tharman Shanmugaratnam, Jim Hagemann Snabe, Feike Sijbesma, Heizo Takenaka, Zhu Min.

Soci

La fondazione è finanziata dalle 1.000 aziende che ne fanno parte, in genere imprese globali con un fatturato di oltre cinque miliardi di dollari (a seconda del settore e della regione). Queste imprese sono tra le più importanti del loro settore e/o del loro Paese e svolgono un ruolo di primo piano nel plasmare il futuro del loro settore e/o della loro regione. L'adesione è stratificata in base al livello di coinvolgimento nelle attività del forum, con un livello di quota associativa che aumenta con l'aumentare della partecipazione a riunioni, progetti e iniziative. Nel 2011, un'iscrizione annuale costava 52.000 dollari per un membro individuale, 263.000 dollari per un "Partner industriale" e 527.000 dollari per un "Partner strategico".

L'ingresso costa 19.000 dollari a persona. Nel 2014, il WEF ha aumentato le quote annuali del 20%, portando il costo per i "Partner strategici" da 500.000 franchi (523.000 dollari) a 600.000 franchi (628.000 dollari).

Attività del WEF

Riunione annuale a Davos

L'evento di punta del World Economic Forum è l'incontro annuale su invito che si tiene a fine gennaio a Davos, in Svizzera, e che riunisce gli amministratori delegati delle 1.000 aziende che ne fanno parte, oltre a politici selezionati, rappresentanti del mondo accademico, ONG, leader religiosi e media in un ambiente alpino. Le discussioni invernali si concentrano apparentemente su questioni chiave di interesse globale (come la globalizzazione, i mercati dei capitali, la gestione della ricchezza, i conflitti internazionali, i problemi ambientali e le loro possibili soluzioni). I partecipanti prendono anche parte a eventi di gioco di ruolo, come l'Investment Heat Map. Gli incontri invernali informali possono aver portato a un numero di idee e soluzioni pari a quello delle sessioni ufficiali.

All'incontro annuale del 2018, più di 3.000 partecipanti da quasi 110 Paesi hanno preso parte a oltre 400 sessioni. Hanno partecipato oltre 340 personalità pubbliche, tra cui più di 70 capi di Stato e di governo e 45 capi di organizzazioni internazionali; sono stati rappresentati 230 rappresentanti dei media e quasi 40 leader culturali.

Vi partecipano 500 giornalisti online, della carta stampata, della radio e della televisione, che hanno accesso a tutte le sessioni del programma ufficiale, alcune delle quali sono anche trasmesse via web. Tuttavia, non tutti i giornalisti hanno accesso a tutte le aree. Questo è riservato ai possessori del badge bianco. Secondo il giornalista della BBC Anthony Reuben, "Davos gestisce un sistema di badge quasi simile a una casta". "Un badge bianco significa che sei uno dei delegati - potresti essere l'amministratore delegato di un'azienda o il leader di un Paese (anche se in questo caso riceveresti un piccolo adesivo olografico da aggiungere al tuo badge), o un giornalista senior. Un badge arancione significa che sei solo un comune giornalista che lavora". Tutti i dibattiti plenari della riunione annuale sono disponibili anche su YouTube, mentre le fotografie sono disponibili su Flickr.

Partecipanti individuali

Circa 3.000 partecipanti individuali si sono uniti all'incontro annuale 2020 di Davos. I Paesi con il maggior numero di partecipanti sono Stati Uniti (674 partecipanti), Regno Unito (270), Svizzera (159), Germania (137) e India (133). Tra i partecipanti, capi di Stato o di governo, ministri di gabinetto, ambasciatori, capi o alti funzionari di organizzazioni internazionali) hanno partecipato all'incontro annuale, tra cui: Sanna Marin (primo ministro della Finlandia), Ursula von der Leyen (presidente della Commissione europea), Christine Lagarde (presidente della BCE), Greta Thunberg (attivista per il clima), Ren Zhengfei (fondatore di Huawei Technologies), Kristalina Georgieva (direttore generale del FMI), Deepika Padukone (attrice di Bollywood), George Soros (investitore) e Donald Trump (presidente degli Stati Uniti).

Un'analisi di *The Economist* del 2014 ha rilevato che la stragrande maggioranza dei partecipanti è di sesso maschile e ha più di 50 anni. Le carriere nel mondo degli affari rappresentano la maggior parte del background dei partecipanti (1.595 partecipanti alla conferenza), mentre i posti rimanenti sono suddivisi tra governo (364), ONG (246) e stampa (234). Il mondo accademico, che era stato alla base della prima conferenza annuale nel 1971, è stato emarginato fino a diventare il gruppo di partecipanti più piccolo (183 partecipanti).

Partecipanti aziendali

Oltre ai singoli partecipanti, il World Economic Forum mantiene una fitta rete di partner aziendali che possono richiedere diversi gradi di partnership all'interno del forum. Per il 2019, Bloomberg ha identificato un totale di 436 società quotate in borsa che hanno partecipato all'incontro annuale, misurando una sottoperformance azionaria dei partecipanti a Davos di circa -10% rispetto all'S&P 500 nello stesso anno. I fattori determinanti sono, tra l'altro, una sovrarappresentazione delle società finanziarie e una sottorappresentazione delle aziende sanitarie e informatiche in rapida crescita. *L'Economist* aveva trovato risultati simili in uno studio precedente, che mostrava una sottoperformance dei partecipanti a Davos rispetto all'indice MSCI World e all'S&P 500 tra il 2009 e il 2014.

Riunione annuale estiva

Nel 2007, la Fondazione ha istituito il Meeting annuale dei nuovi campioni (chiamato anche Summer Davos), che si tiene ogni anno in Cina, alternativamente a Dalian e a Tianjin, e che riunisce 1.500 partecipanti di quelle che la Fondazione chiama Global Growth Companies, provenienti principalmente da Paesi emergenti in rapida crescita come Cina, India, Russia, Messico e Brasile, ma che comprendono anche aziende in rapida crescita dei Paesi sviluppati. L'incontro coinvolge anche la prossima generazione di leader globali provenienti da regioni in rapida crescita e da città competitive, nonché i pionieri della tecnologia di tutto il mondo. Il premier cinese ha tenuto un discorso plenario in occasione di ogni riunione annuale.

Incontri regionali

Ogni anno si tengono incontri regionali che consentono uno stretto contatto tra i leader aziendali, i leader dei governi locali e le ONG. Gli incontri si tengono in Africa, Asia orientale, America Latina e Medio Oriente. Il mix di Paesi ospitanti varia di anno in anno, ma la Cina e l'India hanno sempre ospitato i meeting dal 2000 in poi.

Giovani leader globali

Il gruppo dei Young Global Leaders è composto da 800 persone scelte dagli organizzatori del WEF come rappresentative della leadership contemporanea. Dopo cinque anni di partecipazione sono considerati alumni. Il programma ha suscitato polemiche quando Schwab, il fondatore, ha ammesso di aver "penetrato" i governi con i Young Global Leaders. Ha aggiunto che nel 2017 "più della metà" del Gabinetto di Justin Trudeau era membro del programma.

Imprenditori sociali

Dal 2000, il WEF promuove i modelli sviluppati in stretta collaborazione con la Schwab Foundation for Social Entrepreneurship, evidenziando l'imprenditorialità sociale come elemento chiave per far progredire le società e affrontare i problemi sociali. Alcuni imprenditori sociali selezionati sono invitati a partecipare agli incontri regionali della fondazione e a quelli annuali, dove possono incontrare amministratori delegati e alti funzionari governativi. All'incontro annuale del 2003, ad esempio, Jeroo Billimoria ha incontrato Roberto Blois, vice segretario generale dell'Unione internazionale delle telecomunicazioni, un incontro che ha dato vita a una partnership chiave per la sua organizzazione Child helpline international.

Rapporti di ricerca

23

La Fondazione agisce anche come think tank, pubblicando un'ampia gamma di rapporti. In particolare, gli "Strategic Insight Teams" si concentrano sulla produzione di rapporti rilevanti nei settori della competitività, dei rischi globali e dello scenario.

Il "Competitiveness Team" produce una serie di rapporti economici annuali (pubblicati per la prima volta tra parentesi): il Global Competitiveness Report (1979) ha misurato la competitività dei Paesi e delle economie; il Global Information Technology Report (2001) ha valutato la competitività dei Paesi in base alla loro preparazione informatica; il Global Gender Gap Report ha esaminato le aree critiche di disuguaglianza tra uomini e donne; il Global Risks Report (2006) ha valutato i principali rischi globali; il Global Travel and Tourism Report (2007) ha misurato la competitività di viaggi e turismo; il Rapporto sullo sviluppo finanziario (2008) mirava a fornire ai Paesi un mezzo completo per stabilire i parametri di riferimento per i vari aspetti dei loro sistemi finanziari e stabilire le priorità per il miglioramento; e il Rapporto sul commercio abilitante globale (2008) presentava un'analisi trasversale per Paese del gran numero di misure che facilitano il commercio tra le nazioni.

La "Rete di risposta ai rischi" redige ogni anno un rapporto che valuta i rischi che sono ritenuti di competenza di questi team, che hanno rilevanza intersettoriale, che sono incerti, che hanno il potenziale di causare danni economici superiori a 10 miliardi di dollari, che hanno il potenziale di causare gravi sofferenze umane e che richiedono un approccio multi-stakeholder per la mitigazione.

Nel 2020, il forum ha pubblicato un rapporto denominato: "Nature Risk Rising". In questo rapporto il forum ha stimato che circa la metà del PIL mondiale dipende in misura elevata o moderata dalla natura e che un dollaro speso per il ripristino della natura produce 9 dollari di profitto.

Iniziative del WEF

Salute

L'Iniziativa per la salute globale è stata lanciata da Kofi Annan in occasione della riunione annuale del 2002. La missione della GHI era quella di coinvolgere le imprese in partenariati pubblico-privati per affrontare i problemi dell'HIV/AIDS, della tubercolosi, della malaria e dei sistemi sanitari.

L'Iniziativa Globale per l'Educazione (GEI), lanciata durante l'incontro annuale del 2003, ha riunito aziende informatiche internazionali e governi di Giordania, Egitto e India, che hanno reso disponibili nuovi personal computer nelle loro classi e un maggior numero di insegnanti locali formati all'e-learning. Il modello GEI, che è scalabile e sostenibile, viene ora utilizzato come modello educativo in altri Paesi, tra cui il Ruanda.

Il 19 gennaio 2017 è stata lanciata al WEF di Davos la Coalition for Epidemic Preparedness Innovations (CEPI), un'iniziativa globale per combattere le epidemie. L'iniziativa, finanziata a livello internazionale, mira a garantire le forniture di vaccini per le emergenze globali e le pandemie e a ricercare nuovi vaccini per le malattie tropicali, oggi più minacciose. Il progetto è finanziato da donatori privati e governativi, con un investimento iniziale di 460 milioni di dollari da parte dei governi di Germania, Giappone e Norvegia, oltre alla Bill & Melinda Gates Foundation e al Wellcome Trust.

Riunione 2020

Tra il 21 e il 24 gennaio 2020, nelle fasi iniziali dell'epidemia di COVID-19, il CEPI si è incontrato con i leader di Moderna per definire i piani per un vaccino COVID-19 in occasione del raduno di Davos, con un numero totale di casi globali pari a 274 e una perdita totale di vite umane dovuta al virus pari a 16.

L'OMS ha dichiarato un'emergenza sanitaria globale 6 giorni dopo.

Società

L'Iniziativa Acqua riunisce diverse parti interessate come Alcan Inc., l'Agenzia svizzera per lo sviluppo e la cooperazione, USAID India, UNDP India, la Confederazione dell'industria indiana (CII), il governo del

Rajasthan e la NEPAD Business Foundation per sviluppare partenariati pubblico-privati sulla gestione dell'acqua in Sudafrica e in India.

Nel tentativo di combattere la corruzione, l'Iniziativa Partnering Against Corruption (PACI) è stata lanciata dagli amministratori delegati dei settori dell'ingegneria e delle costruzioni, dell'energia e dei metalli e dell'industria mineraria in occasione dell'incontro annuale di Davos del gennaio 2004. Il PACI è una piattaforma per lo scambio di esperienze pratiche e situazioni dilemmatiche. Circa 140 aziende hanno aderito all'iniziativa.

Ambiente

All'inizio del XXI secolo, il forum ha iniziato a occuparsi sempre più di questioni ambientali. Nel Manifesto di Davos 2020 si afferma che una società, tra le altre:

- "agisce come amministratore dell'universo ambientale e materiale per le generazioni future. Protegge consapevolmente la nostra biosfera e sostiene un'economia circolare, condivisa e rigenerativa".

- "Gestisce responsabilmente la creazione di valore a breve, medio e lungo termine, perseguendo rendimenti sostenibili per gli azionisti che non sacrificano il futuro per il presente".
- "è più di un'unità economica che genera ricchezza. Soddisfa le aspirazioni umane e sociali come parte di un sistema sociale più ampio. La performance deve essere misurata non solo in base al rendimento per gli azionisti, ma anche in base al modo in cui raggiunge gli obiettivi ambientali, sociali e di buon governo".

L'Iniziativa Ambientale si occupa di cambiamenti climatici e di questioni idriche. Nell'ambito del Dialogo di Gleneagles sul cambiamento climatico, il governo britannico ha chiesto al World Economic Forum, in occasione del Vertice G8 di Gleneagles del 2005, di facilitare il dialogo con la comunità imprenditoriale per sviluppare raccomandazioni per la riduzione delle emissioni di gas serra. Questa serie di raccomandazioni, approvate da un gruppo globale di amministratori delegati, è stata presentata ai leader prima del Vertice G8 di Toyako, Hokkaido, Giappone, tenutosi nel luglio 2008.

Nel 2016 il WEF ha pubblicato un articolo in cui si afferma che in alcuni casi la riduzione dei consumi può aumentare il benessere. Nell'articolo viene citato che in Costa Rica il PIL è 4 volte inferiore a quello di molti Paesi dell'Europa occidentale e del Nord America, ma le persone vivono più a lungo e meglio. Uno studio americano dimostra che chi ha un reddito superiore a 75.000 dollari non ha necessariamente un aumento del benessere. Per misurare meglio il benessere, la New Economics Foundation ha lanciato l'Happy Planet Index.

Nel gennaio 2017, il WEF ha lanciato la Piattaforma per l'accelerazione dell'economia circolare (PACE), una partnership globale pubblico-privata che mira a scalare le innovazioni dell'economia circolare. La PACE è co-presieduta da Frans van Houten (CEO di Philips), Naoko Ishii (CEO del Global Environment Facility e il capo del Programma delle Nazioni Unite per l'Ambiente (UNEP). La Ellen MacArthur Foundation, l'International Resource Panel, Circle Economy, Chatham House, l'Istituto Nazionale Olandese per la Salute Pubblica e l'Ambiente, il Programma Ambientale delle Nazioni Unite e Accenture fungono da partner per la conoscenza e il programma è supportato dal Dipartimento per l'Ambiente, l'Alimentazione e gli Affari Rurali del Regno Unito, DSM, FrieslandCampina, Global Affairs Canada, il Ministero olandese per le Infrastrutture e la Gestione delle Acque, Rabobank, Shell, SITRA e Unilever.

Il Forum ha sottolineato la sua "Iniziativa per l'ambiente e la sicurezza delle risorse naturali" per l'incontro del 2017, al fine di raggiungere una crescita economica inclusiva e pratiche sostenibili per le industrie globali. Con le crescenti limitazioni al commercio mondiale dovute agli interessi nazionali e alle barriere commerciali, il WEF si è orientato verso un approccio più sensibile e attento alla società per le imprese globali, con particolare attenzione alla riduzione delle emissioni di carbonio in Cina e in altri grandi Paesi industriali.

Sempre nel 2017, il WEF ha lanciato la Fourth Industrial Revolution (4IR) for the Earth Initiative, una collaborazione tra WEF, Stanford University e PwC, finanziata dalla Mava Foundation. Nel 2018, il WEF ha annunciato che un progetto all'interno di questa iniziativa sarebbe stato l'Earth BioGenome Project, il cui obiettivo è quello di sequenziare i genomi di ogni organismo sulla Terra.

Il World Economic Forum sta lavorando per eliminare l'inquinamento da plastica, affermando che entro il 2050 consumerà il 15% del budget globale di carbonio e supererà per peso i pesci negli oceani del mondo. Uno dei metodi consiste nel realizzare l'economia circolare.

Il tema dell'incontro annuale del World Economic Forum 2020 è stato "Stakeholders for a Cohesive and Sustainable World". Il cambiamento climatico e la sostenibilità sono stati temi centrali di discussione. Molti hanno sostenuto che il PIL non riesce a rappresentare correttamente il benessere e che i sussidi ai combustibili fossili dovrebbero essere interrotti. Molti dei partecipanti hanno affermato che è necessario un capitalismo migliore. Al Gore ha riassunto le idee della conferenza come segue: "La versione del capitalismo che abbiamo oggi nel nostro mondo deve essere riformata".

In questo incontro il World Economic Forum:

- Ha lanciato la Campagna Trillion Tree, un'iniziativa che mira a "far crescere, ripristinare e conservare 1.000 miliardi di alberi nei prossimi 10 anni in tutto il mondo, nel tentativo di ripristinare la biodiversità e contribuire a combattere il cambiamento climatico". Donald Trump ha aderito all'iniziativa. Il forum ha dichiarato che: "Le soluzioni basate sulla natura - bloccando il carbonio nelle foreste, nelle praterie e nelle zone umide del mondo - possono fornire fino a un terzo delle riduzioni delle emissioni necessarie entro il 2030 per raggiungere gli obiettivi dell'Accordo di Parigi", aggiungendo che il resto dovrebbe provenire dai settori dell'industria pesante, della finanza e dei trasporti. Uno degli obiettivi è quello di unificare i progetti di riforestazione esistenti

- Si è discusso del problema del cambiamento climatico e si è chiesto di espandere le energie rinnovabili, l'efficienza energetica, cambiare i modelli di consumo e rimuovere il carbonio dall'atmosfera. Il forum ha affermato che la crisi climatica diventerà un'apocalisse climatica se la temperatura aumenterà di 2 gradi. Il forum ha invitato a rispettare gli impegni assunti con l'Accordo di Parigi. Jennifer Morgan, direttrice esecutiva di Greenpeace, ha dichiarato che all'inizio del forum i combustibili fossili ricevono ancora il triplo dei fondi rispetto alle soluzioni climatiche.

In occasione della riunione annuale del 2021, l'UNFCCC ha lanciato la campagna "UN Race-to-Zero Emissions Breakthroughs". L'obiettivo della campagna è trasformare 20 settori dell'economia per arrivare a zero emissioni di gas serra. Almeno il 20% di ogni settore dovrebbe adottare misure specifiche e 10 settori dovrebbero essere trasformati prima della COP 26 di Glasgow. Secondo gli organizzatori, il 20% rappresenta un punto di svolta, dopo il quale l'intero settore inizia a cambiare in modo irreversibile.

Coronavirus e recupero verde

Nell'aprile 2020, il forum ha pubblicato un articolo che ipotizza che la pandemia COVID-19 sia legata alla distruzione della natura. Il numero di malattie emergenti è in aumento e questo aumento è legato alla deforestazione e alla perdita di specie. Nell'articolo sono riportati numerosi esempi di degrado dei sistemi ecologici causati dall'uomo. Si dice anche che metà del PIL mondiale dipende in misura moderata o ampia dalla natura. L'articolo conclude che la ripresa dalla pandemia dovrebbe essere legata alla ripresa della natura.

Il forum ha proposto un piano per una ripresa verde. Il piano prevede l'avanzamento dell'economia circolare. Tra i metodi citati, vi sono la bioedilizia, i trasporti sostenibili, l'agricoltura biologica, gli spazi aperti urbani, le energie rinnovabili e i veicoli elettrici.

Consigli per il futuro globale

La rete dei Global Future Councils si riunisce annualmente negli Emirati Arabi Uniti e virtualmente più volte all'anno. Il secondo incontro annuale del WEF si è tenuto a Dubai nel novembre 2017, quando c'erano 35 consigli distinti incentrati su un tema, un settore o una tecnologia specifici. Nel 2017 i membri hanno incontrato i rappresentanti e i partner del nuovo Centro per la quarta rivoluzione industriale del WEF. Idee e proposte vengono portate avanti per un'ulteriore discussione alla riunione annuale del World Economic Forum a Davos-Klosters a gennaio.

Comunità globale dei formatori

La Global Shapers Community (GSC), un'iniziativa del World Economic Forum, seleziona giovani leader di età inferiore ai 30 anni in base ai loro risultati e al loro potenziale di agenti di cambiamento nel mondo. I Global Shapers sviluppano e guidano i loro hub cittadini per implementare progetti di giustizia sociale che portano avanti la missione del World Economic Forum. Il GSC conta oltre 10.000 membri in più di 500 hub in 154 Paesi. Alcuni critici considerano la crescente attenzione del WEF verso aree attiviste come la protezione dell'ambiente e l'imprenditoria sociale come una strategia per mascherare i veri obiettivi plutocratici dell'organizzazione.

Divisioni di progetto

I progetti sono suddivisi in 17 aree di impatto: Arte e cultura, Città e urbanizzazione, Partecipazione civica, Cambiamento climatico, Risposta ai cambiamenti climatici, Istruzione, Imprenditorialità, Quarta rivoluzione industriale, Uguaglianza di genere, Salute globale, Migrazione, Dare forma al futuro, Sviluppo sostenibile, Valori, Acqua, #WeSeeEqual, Forza lavoro e occupazione.

Nel campo dello sviluppo sostenibile, la comunità ha lanciato l'iniziativa Shaping Fashion che coinvolge gli hub di Dusseldorf, Corrientes, Lahore, Davao, Milano, Lione, Quito, Taipei e altri.

In Entrepreneurship, Bucarest ospita il Social Impact Award dal 2009. Gestisce programmi di formazione e incubazione in più di 20 Paesi in Europa, Africa e Asia e ha avuto un impatto su oltre 1000 giovani imprenditori sociali di età compresa tra i 14 e i 30 anni. In Nord America, New York ospita l'acceleratore di startup OneRise dal 2021.

Il futuro del lavoro

La task force sul futuro del lavoro è stata presieduta da Linda Yaccarino. Per quanto riguarda il futuro del lavoro, il WEF 2020 ha fissato l'obiettivo di fornire posti di lavoro migliori, accesso a un'istruzione di qualità superiore e competenze a 1 miliardo di persone entro il 2030.

Il grande reset

Nel maggio 2020, il WEF e l'Iniziativa per i Mercati Sostenibili del Principe di Galles hanno lanciato il progetto

"The Great Reset", un piano in cinque punti per migliorare la crescita economica sostenibile dopo la recessione globale causata dal blocco della pandemia COVID-19. "The Great Reset" sarebbe stato il tema dell'incontro annuale del WEF nell'agosto 2021.

Secondo il fondatore del forum Schwab, l'intenzione del progetto è quella di riconsiderare il significato di capitalismo e capitale. Pur non abbandonando il capitalismo, propone di modificarne e possibilmente superarne alcuni aspetti, tra cui il neoliberismo e il fondamentalismo del libero mercato. Il ruolo delle imprese, la tassazione e altro ancora dovrebbero essere riconsiderati. La cooperazione e il commercio internazionale dovrebbero essere difesi, così come la quarta rivoluzione industriale.

Il forum definisce il sistema che vuole creare come "capitalismo degli stakeholder". Il forum sostiene i sindacati.

Critiche al WEF

Proteste fisiche

Alla fine degli anni '90, il WEF, così come il G7, la Banca Mondiale, l'Organizzazione Mondiale del Commercio e il Fondo Monetario Internazionale, è stato oggetto di pesanti critiche da parte di attivisti anti-globalizzazione che sostenevano che il capitalismo e la globalizzazione stavano aumentando la povertà e distruggendo l'ambiente. Nel 2000, circa 10.000 manifestanti hanno interrotto una riunione regionale del WEF a Melbourne, ostacolando il cammino di 200 delegati. Nella maggior parte degli anni, ma non in tutti, a Davos si tengono piccole manifestazioni organizzate dal locale Partito dei Verdi *(vedi Proteste anti-WEF in Svizzera, gennaio 2003)* per protestare contro quelle che sono state definite le riunioni dei "gatti grassi nella neve", un termine ironico usato dal cantante rock Bono.

Dopo il 2014, il movimento di protesta fisica contro il World Economic Forum si è in gran parte spento e la polizia svizzera ha notato un calo significativo dei manifestanti presenti, al massimo 20 durante l'incontro del 2016.

Mentre i manifestanti sono ancora più numerosi nelle grandi città svizzere, il movimento di protesta stesso ha subito un cambiamento significativo. Circa 150 tibetani e uiguri hanno protestato a Ginevra e 400 tibetani a Berna contro la visita del leader supremo cinese Xi Jinping per l'incontro del 2017, con conseguenti scontri e arresti.

Crescenti divari di ricchezza

Alcune ONG hanno utilizzato il World Economic Forum per evidenziare le crescenti disuguaglianze e i divari di ricchezza, che a loro avviso non vengono affrontati in modo sufficientemente ampio o addirittura rafforzati attraverso istituzioni come il WEF. Winnie Byanyima, direttore esecutivo della confederazione anti-povertà Oxfam International, ha co-presieduto l'incontro del 2015, dove ha presentato un rapporto critico sulla distribuzione della ricchezza globale basato su una ricerca statistica del Credit Suisse Research Institute. Secondo questo studio, l'1% delle persone più ricche del mondo possiede il 48% della ricchezza mondiale. All'incontro del 2019, ha presentato un altro rapporto in cui sostiene che il divario tra ricchi e poveri è solo aumentato. Il rapporto "Bene pubblico o ricchezza privata" afferma che 2.200 miliardari in tutto il mondo hanno visto la loro ricchezza crescere del 12%, mentre la metà più povera ha visto la sua ricchezza diminuire dell'11%. Oxfam chiede una revisione fiscale globale per aumentare e armonizzare le aliquote fiscali globali per le società e gli individui ricchi.

Formazione di un'élite distaccata

La formazione di un'élite distaccata, spesso co-etichettata con il neologismo "Uomo di Davos", si riferisce a un gruppo globale i cui membri si considerano completamente "internazionali". Il termine si riferisce a persone che "hanno scarsa necessità di lealtà nazionale, considerano i confini nazionali come ostacoli e vedono i governi nazionali come residui del passato la cui unica funzione utile è quella di facilitare le operazioni globali dell'élite", secondo il politologo Samuel P. Huntington, a cui si deve l'invenzione del neologismo. Nel suo articolo del 2004 "Dead Souls: The Denationalization of the American Elite", Huntington sostiene che questa prospettiva internazionale è una posizione elitaria minoritaria non condivisa dalla maggioranza nazionalista del popolo.

Il Transnational Institute descrive lo scopo principale del Forum Economico Mondiale come quello di "fungere da istituzione socializzante per l'emergente élite globale, la "mafiocrazia" della globalizzazione composta da banchieri, industriali, oligarchi, tecnocrati e politici. Promuovono idee comuni e servono interessi comuni: i loro".

Nel 2019, il giornalista *di Manager Magazin* Henrik Müller ha sostenuto che l'"uomo di Davos" è già decaduto in diversi gruppi e campi. Egli vede tre fattori centrali per questo sviluppo:

- Dal punto di vista ideologico, il modello liberale occidentale non è più considerato un modello universale a cui gli altri Paesi aspirano (con il totalitarismo digitale della Cina o l'assolutismo tradizionale del Golfo Persico come controproposte, tutte rappresentate da membri del governo a Davos).
- Socialmente: le società si disintegrano sempre più in gruppi diversi, ognuno dei quali evoca la propria identità (ad esempio, attraverso il voto della Brexit o i blocchi congressuali negli Stati Uniti).

- Dal punto di vista economico: la realtà economica misurata contraddice ampiamente le idee consolidate su come l'economia dovrebbe funzionare (nonostante la ripresa economica, i salari e i prezzi aumentano appena).

Costo pubblico della sicurezza

I critici sostengono che il WEF, nonostante abbia riserve di diverse centinaia di milioni di franchi svizzeri e paghi ai suoi dirigenti stipendi di circa 1 milione di franchi svizzeri all'anno, non pagherebbe alcuna imposta federale e inoltre destinerebbe una parte dei suoi costi al pubblico. A seguito di critiche massicce da parte di politici e della società civile svizzera, nel febbraio 2021 il governo federale ha deciso di ridurre i suoi contributi annuali al WEF.

Nel 2018, le spese di polizia e militari sostenute dal governo federale ammontavano a 39 milioni di franchi svizzeri. L'*Aargauer Zeitung* ha sostenuto nel gennaio 2020 che i costi aggiuntivi sostenuti dal Cantone dei Grigioni ammontano a 9 milioni di franchi all'anno.

Il Partito Verde Svizzero ha sintetizzato le proprie critiche in seno al Consiglio Nazionale Svizzero, sostenendo che lo svolgimento del Forum Economico Mondiale è costato ai contribuenti svizzeri centinaia di milioni di franchi negli ultimi decenni. A loro avviso, tuttavia, è discutibile in che misura la popolazione svizzera o la comunità globale beneficino di queste spese.

Dibattito sul genere

Secondo alcuni critici, le donne sono state ampiamente sottorappresentate al WEF. Il tasso di partecipazione femminile al WEF è aumentato dal 9% al 15% tra il 2001 e il 2005. Nel 2016, il 18% dei partecipanti al WEF era di sesso femminile; questo numero è salito al 21% nel 2017 e al 24% nel 2020.

Diverse donne hanno poi condiviso le loro impressioni personali sugli incontri di Davos in articoli dei media, sottolineando che le questioni erano più profonde di "una quota a Davos per le donne leader o una sessione sulla diversità e l'inclusione". In questo contesto, il World Economic Forum ha presentato reclami legali contro almeno tre articoli investigativi dei giornalisti Katie Gibbons e Billy Kenber, pubblicati dal quotidiano britannico *The Times* nel marzo 2020.

Processo decisionale non democratico

Secondo il think tank del Parlamento europeo, i critici vedono il WEF come uno strumento per i leader politici e commerciali per "prendere decisioni senza dover rendere conto ai propri elettori o azionisti".

Dal 2009 il WEF sta lavorando a un progetto chiamato Global Redesign Initiative (GRI), che propone una transizione dal processo decisionale intergovernativo a un sistema di governance multi-stakeholder. Secondo il Transnational Institute (TNI), il Forum sta quindi progettando di sostituire un modello democratico riconosciuto con un modello in cui un gruppo auto-selezionato di "stakeholder" prende decisioni per conto della popolazione.

Alcuni critici hanno visto l'attenzione del WEF per obiettivi come la protezione dell'ambiente e l'imprenditoria sociale come una mera copertura per mascherare la sua vera natura plutocratica e i suoi obiettivi. In un articolo del *Guardian*, Cas Mudde ha affermato che questi plutocrati non dovrebbero essere il gruppo che controlla le agende politiche e decide su quali temi concentrarsi e come sostenerli. Uno scrittore della rivista tedesca *Cicero* ha visto la situazione come un'élite accademica, culturale, mediatica ed economica che si accaparra il potere sociale trascurando i processi decisionali politici. Un ambiente materialmente ben dotato cercherebbe in questo contesto di "cementare il proprio dominio sull'opinione e sedare la gente comune con benefici sociali di tipo materno-paternalistico, in modo da non essere disturbato dalla gente comune quando sterza". Il francese *Les Echos* conclude inoltre che Davos "rappresenta esattamente i valori che la gente ha rifiutato alle urne".

Mancanza di trasparenza finanziaria

Nel 2017, l'ex giornalista della *Frankfurter Allgemeine Zeitung* Jürgen Dunsch ha criticato il fatto che i rapporti finanziari del WEF non fossero molto trasparenti, in quanto non venivano suddivise né le entrate né le uscite. Inoltre, ha sottolineato che il capitale della fondazione non è stato quantificato mentre i profitti, apparentemente non trascurabili, sarebbero stati reinvestiti.

I recenti rapporti annuali pubblicati dal WEF includono una ripartizione più dettagliata delle sue finanze e indicano entrate per 349 milioni di franchi svizzeri per l'anno 2019, con riserve per 310 milioni di franchi svizzeri e un capitale di fondazione di 34 milioni di franchi svizzeri. Non sono stati forniti ulteriori dettagli sulle classi di attività o sui singoli nomi a cui il WEF destina il suo patrimonio finanziario di 261 milioni di franchi.

Il quotidiano tedesco *Süddeutsche Zeitung* ha criticato in questo contesto il fatto che il WEF si sia trasformato in una "macchina per stampare denaro", gestita come un'azienda a conduzione familiare e che costituisce un modo confortevole di guadagnarsi da vivere per il suo personale chiave. Il fondatore della fondazione Klaus Schwab percepisce uno stipendio di circa un milione di franchi svizzeri all'anno.

Criteri di selezione poco chiari

In una richiesta al Consiglio nazionale svizzero, i Verdi svizzeri hanno criticato il fatto che gli inviti all'incontro annuale e ai programmi del Forum economico mondiale siano emessi in base a criteri poco chiari. Essi sottolineano che "despoti" come il figlio dell'ex dittatore libico Saif al-Islam Gheddafi sono stati invitati al WEF e persino premiati come membri del club dei "Giovani leader globali". Anche dopo l'inizio della primavera araba nel dicembre 2010 e le relative violente rivolte contro i regimi di despoti, il WEF ha continuato a invitare Gheddafi al suo incontro annuale.

Impronta ambientale delle riunioni annuali

I critici sottolineano che l'incontro annuale del World Economic Forum è controproducente nella lotta ai problemi urgenti dell'umanità, come la crisi climatica. Anche nel 2020, i partecipanti all'incontro annuale del WEF a Davos hanno viaggiato su circa 1.300 jet privati, con un carico di emissioni totale dovuto ai trasporti e agli alloggi che, a loro avviso, è stato enorme.

La cattura da parte delle imprese delle istituzioni globali e democratiche

Il rapporto "Global Redesign" del World Economic Forum suggerisce di creare Nazioni Unite (ONU) "pubblico-private", in cui agenzie selezionate operino e dirigano le agende globali nell'ambito di sistemi di governance condivisi. Secondo il Forum, il mondo globalizzato è probabilmente gestito meglio da una coalizione di multinazionali, governi e organizzazioni della società civile

(OSC), che si esprime attraverso iniziative come il "Great Reset" e il "Global Redesign".

In un'intervista del 2017, Schwab ha dichiarato che il Presidente russo Vladimir Putin è stato riconosciuto come Young Global Leader e ha menzionato anche il Primo Ministro canadese Justin Trudeau: "Devo dire che quando faccio nomi, come la signora (Angela) Merkel e anche Vladimir Putin, e così via, sono stati tutti Young Global Leader del World Economic Forum. Ma ciò di cui siamo molto orgogliosi ora è la giovane generazione come il Primo Ministro (Justin) Trudeau... Noi penetriamo nel gabinetto. Ieri ho partecipato a un ricevimento per il Primo Ministro Trudeau e so che metà del suo gabinetto, o anche più della metà, sono in realtà Young Global Leaders".

Nel settembre 2019, oltre 400 organizzazioni della società civile e 40 reti internazionali hanno criticato pesantemente un accordo di partenariato tra il WEF e le Nazioni Unite e hanno chiesto al Segretario generale dell'ONU di porvi fine. Essi considerano tale accordo come una "inquietante cattura aziendale delle Nazioni Unite, che ha spostato pericolosamente il mondo verso una governance globale privatizzata". Il think tank olandese Transnational Institute sintetizza che stiamo entrando sempre più in un mondo in cui raduni come Davos sono "un silenzioso colpo di Stato globale" per catturare la governance.

Nel dicembre 2021, il governo olandese ha pubblicato la corrispondenza intercorsa con i rappresentanti del Forum economico mondiale, mostrando un'ampia interazione tra il WEF e il governo olandese. I documenti sono stati resi ufficialmente disponibili dal governo olandese.

Mancato accreditamento di media critici

Nel 2019, il giornale svizzero *WOZ* ha ricevuto un rifiuto alla sua richiesta di accreditamento per l'incontro annuale con gli editori e ha successivamente accusato il World Economic Forum di favorire specifici media. Il giornale ha sottolineato che il WEF ha dichiarato nel suo messaggio di rifiuto che [il Forum] preferisce i media con cui lavora durante l'anno. Il vicedirettore del *WOZ*, Yves Wegelin, ha definito questa una strana idea di giornalismo, perché "nel giornalismo non si deve necessariamente lavorare con le grandi aziende, ma piuttosto criticarle".

Iniziative istituzionali

Oltre alla politica economica, negli ultimi anni l'agenda del WEF si sta concentrando sempre più su temi attivisti dalla connotazione positiva, come la tutela dell'ambiente e l'imprenditoria sociale, che i critici considerano una strategia per mascherare i veri obiettivi plutocratici dell'organizzazione.

In un articolo del dicembre 2020 di *The Intercept*, l'autrice Naomi Klein ha descritto che le iniziative del WEF come il "Grande Reset" sono semplicemente un "rebranding a tema coronavirus" di cose che il WEF stava già facendo e che si tratta di un tentativo dei ricchi di farsi belli. A suo avviso, "il Great Reset è solo l'ultima edizione di questa tradizione dorata, a malapena distinguibile dalle precedenti Big Ideas di Davos".

Analogamente, nella sua recensione di *COVID-19: The Great Reset*, l'etico Steven Umbrello muove critiche parallele all'agenda. Afferma che il WEF "imbianca un futuro apparentemente ottimistico dopo il Grande Reset con parole d'ordine come equità e sostenibilità", mentre mette funzionalmente a repentaglio tali obiettivi.

Uno studio pubblicato sul Journal of Consumer Research ha analizzato l'impatto sociologico del WEF. Lo studio ha concluso che il WEF non risolve problemi come la povertà, il riscaldamento globale, le malattie croniche o il debito. Secondo lo studio, il Forum ha semplicemente spostato l'onere della soluzione di questi problemi dai governi e dalle imprese ai "soggetti consumatori responsabili: il consumatore verde, il consumatore attento alla salute e il consumatore finanziariamente alfabetizzato".

Appropriazione delle crisi globali

Nel dicembre 2021, il cardinale cattolico ed ex prefetto della Congregazione per la Dottrina della Fede (CDF) Gerhard Ludwig Müller ha criticato, in un'intervista controversa, il fatto che persone come il fondatore del WEF Schwab siano sedute "sul trono della loro ricchezza" e non siano toccate dalle difficoltà e dalle sofferenze quotidiane che la gente affronta, ad esempio a causa della pandemia COVID-19. Al contrario, queste élite vedono le crisi come un'opportunità per portare avanti i loro programmi. Egli ha criticato in particolare il controllo che queste persone eserciterebbero sulle persone e il loro abbraccio a settori come il transumanesimo. Il Consiglio centrale tedesco degli ebrei ha condannato questa critica, legata anche agli investitori finanziari ebrei, come antisemita.

Controversie del WEF

Polemica con il comune di Davos

Nel giugno 2021, il fondatore del WEF Klaus Schwab ha criticato aspramente quello che ha definito "profitto", "compiacenza" e "mancanza di impegno" da parte del comune di Davos in relazione all'incontro annuale. Ha ricordato che la preparazione dell'incontro COVID a Singapore nel 2021/2022 ha creato un'alternativa all'ospite svizzero e vede la possibilità che l'incontro annuale rimanga a Davos tra il 40 e il 70%.

Polemiche sull'uso del nome Davos

Poiché esistono molte altre conferenze internazionali soprannominate "Davos", come l'evento "Davos del deserto" organizzato dall'Istituto Future Investment Initiative dell'Arabia Saudita, il World Economic Forum si è opposto all'uso di "Davos" in tali contesti per qualsiasi evento non organizzato da loro. Questa particolare dichiarazione è stata rilasciata il 22 ottobre 2018, un giorno prima dell'apertura dell'edizione 2018 della Future Investment Initiative (soprannominata "Davos nel deserto")

organizzata dal Public Investment Fund dell'Arabia
Saudita.

Alternative per il WEF

Forum aperto Davos

Dall'incontro annuale di Davos del gennaio 2003, l'*Open Forum Davos*, co-organizzato dalla Federazione delle Chiese protestanti svizzere, si tiene in concomitanza con il forum di Davos, aprendo il dibattito sulla globalizzazione al grande pubblico. L'Open Forum si tiene ogni anno nella scuola superiore locale, con la partecipazione di politici e imprenditori di spicco. È aperto gratuitamente a tutti i cittadini.

Premi Public Eye

I Public Eye Awards si tengono ogni anno dal 2000. Si tratta di un evento in controtendenza rispetto all'incontro annuale del World Economic Forum (WEF) di Davos. I Public Eye Awards sono una "competizione pubblica tra le peggiori aziende del mondo". Nel 2011, più di 50.000 persone hanno votato per le aziende che hanno agito in modo irresponsabile. Nel corso di una cerimonia in un hotel di Davos, i "vincitori" del 2011 sono stati nominati il produttore indonesiano di olio di palma diesel, la finlandese Neste Oil e la società mineraria AngloGold

Ashanti in Sudafrica. Secondo la trasmissione Schweiz aktuell del 16 gennaio 2015, la presenza del pubblico durante il WEF 2015 potrebbe non essere garantita a causa del massiccio aumento della sicurezza a Davos. Il Public Eye Award sarà assegnato per l'ultima volta a Davos: *Public Eyes says Goodbye to Davos*, confermato da Rolf Marugg (ora politico *dei Landrats*), da politici non direttamente coinvolti e dalla polizia responsabile.